JN439470

해를 품은 산그늘

혜연 조정자 제5시집

계간문예

해를 품은 산그늘

시인의 말

다섯 번째 시집을 내며

바위는 가슴 속에
약이 아니라 서투른 글쓰기로 치유된 삶
옛 어른들은 심중에 적積이 쌓였다고 한다

바위가 들어앉아 가슴이 짓눌려 무거웠다
병원 약으로 부숴버리려고 시도해도 꿈쩍하지 않았다
바위가 자라서 턱밑까지 치받혔다
긴 시간 동안 심하게 요동치고 소리를 냈다

요즘 들어 그것들은 해체를 시작한 걸까
짓눌린 무게감이 해소되었다
서투른 글쓰기로
스스로의 자정 능력 때문인지

아득하던 한 생애가 이제는
하루하루 남은 생애를 사랑하며
비어진 가슴에 감사하다

2023년 여름

혜연 조정자

■ 차례

제2부 **정글의 법칙**

제3부 이루고 싶은 소망

제4부 **뒤통수에 우물**

제1부

나비의 꿈

다듬이 소리

겨울 고요한 달밤에
옥양목을 마름질하여
매끈하고 광나도록
두드리는 다듬이 소리

쉴 새 없이 고단한 날들
깨끗하게 속마음 풀어낸다
올올이 반질반질
마음이 유순해진다

은은한 달빛처럼
하얀 무명에 어리는 오롯한 정
지금은 사라진 소리

나비의 꿈

꽃 사태 지는 날
가슴까지 환하게 물들여 놓고
꽃 지더니
봄바람에 천진한 아기 같은 고운 잎
나뭇가지에 구름 떼 연둣잎 실을 자아

비단 피륙 마름질로 잠자리 날개 같이
가벼웁게 옷을 지어 입고
살랑살랑 바람 타고 날아
봄볕 따스한 해맑은 대기로
나비되어 비상할까

물의 영혼

바위에서 솟아나는 물은
맑은 영혼이다
고목에서 돋아난 햇잎처럼
새것들은 여리고 곱다

최초의 생명은 순결해서
모두 사랑스럽다
끊어지지 않고 흘러가는
모든 생명은 애잔하다

낮은 곳으로 내려가는 물은
살아가는 것들에게
해를 품고
잎을 피우고 꽃을 피우고
열매를 맺게 한다

탄생의 기쁨을 알리는
대지는 한 핏줄로 연결된 고리
멀리까지 같이 손잡고
흘러가며 웃는다

해를 품은 산그늘

사라지는 해는
희미한 그늘을 품는다
그리움에 젖는다

하루의 그림자가
풀숲에서 숨어 우는 귀뚜라미에게
귓속말로 속삭인다

어느덧 나이 든 가을 황혼이
앉을 자리를 잃고
멀리 떠난다

무성한 떡갈나무 숲에
고운 산새 한 마리 날아와
저저귀다 간다

그립고 애잔하게
해를 품은 산그늘이
고요를 덮는다

가을 유감

가을은 누구의 것도 아닌
오직 나의 것
풀벌레 울음을 따라
길을 걷는 것

떨어진 회색빛 낙엽은
모두 바람의 것이다
쓸쓸함을 아는 들국화

잡지 못하는 시간은
아무것도 소유하지 않고
멍하니 뒤돌아본다

못다 한 이 세상 이야기
가을이 울면서 다시 찾아와
안주할 때까지

애석한 봄날

연분홍 벚꽃 그늘에 연인들 덩달아 사랑꽃 피우고
나른한 봄날 모처럼 환한 꽃물 드는
노안의 미소도 꽃이 좋아라

꽃피는 봄이
꽃지는 봄이
쉬이 가는 봄이 애석하여라

가 보고 싶었던 길

걸어온 길을 돌아본다
울퉁불퉁한 삶
내가 꿈꾸었던 길을
가 보고 싶었지만
멀리까지 가 보지 못했다

때론 앞을 내다볼 수 없이
안개가 서렸지만
용기를 내어 나섰던 젊은 시절
낯설고 두려웠지만
오늘 속에 내일을 꿈꾸었다

구불구불한 길을 돌아서면
어느덧 얼마 남지 않은 시간
가슴에 긴 강이 흐른다

벚꽃 속으로 스미기

오늘 마침내
꽃이 봉오리를 터뜨렸다
꽃구름 가득할 때
꽃 속으로 스며야지
내일은 꽃이 지겠거니

바람 불면 소리 없는 아우성으로
하르르 하르르 내려앉을 터이니

안착

장마 같은 코로나 소용들이 속에서
나는 겨우 강가에 안착했다
살아난 죽음의 불안에서
나는 죽음을 안심 시켰다

황토물이 역류하는 여름 역병에서
믿음과 신뢰가 사라진 혼돈
죽음이 솟구치는 하수구처럼
나는 나무토막 하나를 붙잡고 살아났다

모닥불

모닥불을 쬐고 있었어요
찬 밤이슬 젖어서
불꽃이 재가 되도록
그냥 말없이
하늘의 별을 우러러 보았어요

모닥불을 쬐고 있었어요
고향처럼 안기는 불꽃의 온기
타버린 부지깽이 끝에
사라진 마을이 피어났어요

너는 떠나고

클로버 꽃 같은 수수한 사이
클로버 넝쿨처럼 순리대로 얽힌 사이
80여 성상 얼굴 한 번 붉히지 않고
웃음 꽃 만발해서
만나면 웃음소리 끊이지 않아
어른들께 혀를 차게 한 우리 사이

네가 마음 아플 때 내가 마음 아플 때
삶의 애달픔 서로 어루만지며 함께한 우리

세월이 스쳐 지날 적마다
떠나가는 이별이 잦아들어
우리의 이별만은 예측 하지 못했지

횅하니 허전하고 전화도 먹통인 우리사이
홀로 남아 있네

달빛이 날 에워싸고

한꺼번에 벚꽃이 만개했다
온 세상이
티 없이 순수로 덮였다

벚꽃 속으로 스며든다
달빛이 날 에워싸고
하르르 하르르 내려앉는다

바람이 지나가고
다시 향기롭게 태어나는
자연의 빛깔과 향기

꽃 가마 타고 오던 길

꽃가마 타고 시집 오던 길
꽃들이 향기를 뿜어
인생 길 사랑 하나로
농염의 꽃길 꿈길 처럼 몽롱

배꽃 하늘하늘
봄바람에 지는 날
만장 펄럭이며 요령 소리
이승의 상두꾼 타령조

꽃가마 타고 시집오던 길
꽃상여 타고 이승을 하직 하던 길

상두꾼의 구슬픈 곡조만 이승의 봄길 위에 깔리는데
봄꽃들은 말갛게 낯을 씻은 꽃송이로 하늘거리는데
풀벌레 울음처럼 가냘픈 울음소리

배꽃 후루루
지고 있던 봄길 위에 날들

약육강식

인간 사회에도 약육강식이 있다
깊은 심층의 마음에는
동물적인 근성이 내재되어 있다

너의 것을 내 것으로 하는
내 것을 너의 것으로 하는
부정이 긍정이라고
긍정이 부정이라고 우기는
입맛 대로 하는 세상의 게임

무리수가 많은 게 법보다 힘세다

향수

보리밭 위로 종달새가 날아오른다
바람을 흔들어 놓고
송화 가루 아카시아 향기가
고향산천을 덮는다

싱그러운 연초록의 오월
앞산 뻐꾸기 소리가
가슴 부풀어 오르던
처녀 적 가슴을 설레게 한다

물 맑은 산골짜기 딸기
뽕나무 오디 치마폭에 따 담아
어머니에게 드리던 시절

친구도 영영 못 볼 곳으로 떠나가고
고향도 이제는 노인만 남았으니
그리움이 날로 깊어진다

백합 향기

순결한 백합의 향기는 황홀해
황홀한 향기로 해서
병문안 입원실에는 금기
백합의 향기에는 독성이 있다는 설에

아름다움은 보이는 것보다
안개 같은 향기로움보다
보이지 않는 은밀한 곳에 숨어 있다

함정

거미가 무섭다
아침에 일어나면 햇살이 금빛 투명 보석으로
조롱조롱 달린 이슬 방울
모기나 날파리들이 버둥게질 하다 지쳐 늘어지면
배불뚝이 거미는 의젓이 자신만만 포식

허공에 집을 짓는 거미

모사꾼처럼 음흉한 거미
그래야 생존 할 수 있으니

뱀

어렸을 적부터 뱀은 무서워
또래들 모여 여자 아이들은
살상의 무기 돌을 치마폭에 담아 날랐다
공급받은 남자아이들은
뱀을 처단하기 위해 떼뱀 소탕 작전을 펼쳤다

깨어나서 복수할까 봐 막대기로 소나무 가지 위에 걸쳐 놓았다
깨금발 세 번 침 세 번 머리칼 세 올 뽑아 날렸다
살상의 죄의식에서 벗어나기 위한 예식인가
아담과 이브의 복수의 무의식의 예식인가

어린 날부터 이브의 후예로 선천성 유전인가
여전히 뱀은 제일 무섭다

뱀술을 담가 놓은 걸 이사 중에 보았을 때
나는 처음으로 털썩 주저앉아 떨리는 가슴을 안았다
놀라도 주저앉는다는 것도 처음 경험이다

미사일

미사일이 터졌다
화들짝 허공의 날짐승들은 놀라고
전쟁을 겪은 사람들은
어째 수상하다고 불안해하네

풀과 나무들은 변함없이
그대로 피고 지지만
사람은 세상에서
일회용 인생이라네

사는 것이 전쟁이라지만
평화로운 세상 구가 하다가
떠나고 싶은 마지막 길

창조주께서 지으신 세상

제2부

정글의 법칙

마취제

선과 악이 뒤엉킨 생태계

모든 것이 마비되었다

세상은 마취되고

악이 선을 속인다

아무도 모르게 소리 높여서

세상살이

나는 비난했지만
까뮈는 미리부터 부조리를 주장했다

그게 다 세상 삶이지
부조리가 없으면 세상은 천국이지

알고도 모르는 척
다 들어도 하나도 못들은 척
입 꼭 다물고 살아야지

여자는 깔깔 웃었지만
까뮈는 거꾸로 돌아가는 세상을
미리 알고 웃는다

어두운 광야

두근거리는 심장을 안고
밤기차는 떠난다

어디론지 떠나야 하고
어디론지 돌아와야 한다

만남과 이별이
두 평행선상을 달린다

캄캄한 들판을 가로지르는
먼 사랑이 눈물겹다

모든 정경이 보이지 않는
어두운 광야로
너는 떠나고

극지

서로 떨어져 있는
남극과 북극의 주변 지역
사람이 살지 못한다

사랑의 정수리를 지나고
슬픔의 극을 넘어서면
고난을 만난다

깜깜한 절망을 딛고 일어서야
비로소 깨닫게 되는 것
해뜨는 동쪽이 보인다

눈이 얼어붙으면
이별의 빙점을 맞는다
해와 달과 별을 품어 안아도
슬픔이 굳어진다

오만과 교만을 멀리해도
두껍게 쌓인 욕망들이
살아나는 파도처럼 출렁인다

방랑자

그는 먼 길을 간다
가슴으로부터 휘돌아 나오는 투명한 눈물방울
그렁그렁 하다
동행자에게도 눈물과 결별의 눈시울 뜨겁다
이별은 가슴 에인다

마구 벚꽃 휘날린다
꽃잎 길 위에 질펀하다

귀가

어제 불어온 바람은 아니었어요
바람은 추위의 바늘침이 묻어났는데
초저녁 어스름 퇴근 하는 걸음 사이로
홀로 날개를 늘어뜨리고
껌벅거리는 눈

산책 할 때 비둘기에게 주려던 비상식량을
대열을 이탈한 비둘기에게
뽀얀 쌀알갱이를 소복이 놓았어요

그 애는 나의 선의를 못 본 척
주춤거리더니 후루룩 날아
길 건너 고층 상가의 벽을 향해 돌진
추락한 그 애는 간판 뒤에 몸을 추스르고 앉았어요

먹물의 농담 같은 어둠이 점차 차오르는 지상의 한 켠에서
연분홍 발을 오므리고 마지막을 받아들이는 생명
잠시 주춤 거리는 나의 발걸음
가던 길을 갈 수밖에요
작은 생명이 생사가 엇갈리는 순간
찬바람은 가슴을 후비듯 아려 왔습니다.

프라타나스

손바닥 같은 프라타나스 낙엽 깔린 길
영혼이 실려 있는 듯

비 오는 날의 번질거리는 푸른 아스팔트
수많은 헤드라이트 종횡으로 날을 세워 발산

벽의 그림자에 기대어
11월의 밤에 떨어져 몰려 다니는 스산함 스미는 마음
한 생애의 징검다리 건너는 여울 물소리

프라타나스 잎을 헤치며
오는 듯 가는 듯 수줍었던 세월
바람에 이리저리 몰려다니는 영혼의 그리움들
가슴에 묻고
돌아보는 11월의 날들이여

정글의 법칙

살다 보니
정글은 숲에만 있는 게 아니다

인간사에도
종족수가 많으면
힘이 넘쳐
불의 함에도 법이 정당화 되었다

힘으로 군림
생명 살상의 잔인함이여

지구 한 모퉁이에서 땅 따먹기 전쟁
곤충처럼 매장당하는 사람의 무리

속수무책 바라만 보고
안타까워한들
멈추지 않는 추장

하느님은 이럴 때 방관만 하실까
왜?

그늘

그늘은 서늘하다
가족의 그늘은 삶의 이유이다

그늘은 따스하다
삶의 원동력으로
세상을 향해 톱니처럼
두려움 없이 용감하다

해의 반대편에 그늘이 있듯이
그늘의 반대편에는
빛나고 있는 태양이 있듯이

사랑으로 얽혀 있어
떼려야 뗄 수 없는 그늘이다
벌집처럼 견고한 정과 사랑의 결집이다

산 오르다

밋밋한 산 정상
조망하는 세상은 하염없이 아득하다

광활한 하늘의 품에 안겨
아늑하기도 한
하늘의 품에 안긴다

파란 하늘빛 스미어 충일감
산을 오르는 이끌림
산꽃들 마주 보는 반가움

하늘에 안긴다
홀로
하늘의 품은 먼 데까지 가득한데
세상의 시름도 아득하다

다만 순간의 충일감
산을 오른다
맑은 바람과 새소리와의 합일을 위하여
산꽃들의 천연스러운 고운 빛을 마음에 담으려

개화

바람처럼 흔들리듯이
빗방울을 비우고
연꽃이 피어난다

꽃이 피어있던 자리에
열매가 맺힌다
소멸은 또 하나의 부활이다

헌신하는 생명들
두 손으로 합장해 하늘을 받들고
연꽃이 피어난다

야행

빈들에 안개 내려앉아 자우룩
동굴 같은 심장
바람의 날을 잡으려 안개 속을 잠입
흔들리지않기

빛이 희미하게 심장에 머무는 동안
이미
둥둥 북이 울고 있다
깊은 은신처에서

보이지 않는 끈을 잡고 빛을 찾는다

햇살의 기억

20대의 내 엄니
다섯 살 응석받이
등에 업힌 나에게
버선 벗어 맡기고
개울물에 들어섰다

개울물은 넓고 자갈이 깔려
맑은 물이 자갈 위로 흐르며 물살마다
햇살이 반짝반짝 눈이 부셨다
엄니의 뽀얀 발등을 돌아가는 물살의 소리

빛살에 휩싸인 엄니의 어깨너머로 보이는
들풀도 나무도 햇살이 반짝
세상도 반짝였다
내 마음 빛살이 가득했다

달빛 아래서

달빛 아래서 가을꽃이 흔들릴 때
별들은 달빛과 함께
하얀 물살을 일으켰다

시간은 사라진 추억들을 살려
무심한 환영처럼 빛났다
삶은 아름다운 수식어라고

가을호수

나뭇잎은 금빛의 떨기
잔물결 이는 윤슬
산 그림자가 잠긴다

잔잔한 호수에는
단풍나무들이 고개를 숙이고
묵상하고 있는데

내 얼굴을 들여다보듯
저무는 날들이
노을빛으로 물든다

동백꽃 잎 지듯이

삶이 카운트다운 당하는 것처럼
삶의 여분을 헤아린다

해야 할 일들이 손안에서
손가락 사이로 새어 나간다

초라하지 않게
동백꽃 잎처럼
훼손 당하지 않고
살풋
내려앉듯이
이별할 때도 그러하듯이
꿈꾸는 마지막의 길

아웃사이더

무리진 꽃더미에서
저만치 홀로

반가워서
얼른 너를 마음에 담았네
틈서리에 뿌리를 내린 네가
사랑스러워
애처로워
네가
나인 것처럼

태극기 단상

먼 빛으로 보아도 애달퍼요
바라만 보아도 사무쳐요
밀물지는 그리움이예요

그랬어요
내 일곱 살의 밤은
사이렌이 먼 곳에서 달려와
문풍지가 바람에 떨리는 것 같게도
내 가슴이 그랬어요

드디어 인근 어디에선가 불도 없는 캄캄한 밤에
잠깐 불빛이 흘렀다고
귀신처럼 용케 알아
쌕쌕이는 날아와 포탄을 투하하고
바람처럼 자취 없이 사라지고

포연이 안개처럼 날아와 빈들을 메우고
초가의 빈약한 문살까지 넘실거려
자지러지게 숨도 멎을 듯
엄마 젖가슴에 얼굴을 묻었어요
불도 없는 캄캄한 밤에

태극기를 휘날리며 군인들이 입성했을 때
우리는 방마다 툇마루에도 촛불을 켰어요
등잔의 심지도 털어내어
원시인처럼 처음으로 불을 발견 했을 때 신비함으로
석유 냄새가 향기롭기조차 했어요

두려움의 더께들이 스르르 빠져 나가는
그런 밤을 아시나요

그랬어요
마냥마냥
꽃을 보고 순간순간 예쁘다는 마음처럼
태극기도 지지 않는 아름다운 꽃처럼
영원한 꽃인 걸요

그때 놀란 가슴 몇 년 동안 등교길 고개에서
주저앉아 뛰는 심장을 진정시키며
풀숲에 매달린 방울방울 매달린 이슬에
금빛 햇살이 고와
주저앉은 나를 일으켜 세웠어요

눈물

슬픔에 울었다
슬픔의 울음이
부끄러워 울었다

안개에 갇혀서

제3부

이루고 싶은 소망

풀의 노래

늘 슬픔만 있겠는가
오랜 가뭄 들판에 죽어가는 풀에도
비가 쏟아진다

바다는 쉬지 않고
높은 파도를 일으키는데
그것이 고통뿐이겠는가
밀려온 것이 다시 밀려나간다

뒤집어지고 뒤틀리면서
일어서는 풀
쓰러지고 짓밟혀도
끈질기게 뿌리를 내린다

그림자놀이

요염하게 흔들리는 등잔불
그 빛 속에 그림자놀이
그 빛 속의 엄마와의 그림자놀이
엄마와의 동물 그림자놀이
흑백 무성영화 그림자놀이는 바람벽이 무대
동물들의 말과 노래
엄마도 나도 변사

지금은 온갖 문명의 이기들이 놀이를 점령 하는데
나는 왜
엄마와의 그림자놀이가 그리워질까요
새록새록
불을 켤수 없는 전쟁의 겨울밤은 초조하고 무서워

자는 척 하다가 스르르 잠이 오는 그런 밤은 싫어
은은한 등잔불 환한 날들의 엄마와의 그림자놀이

아무리 불러도 맑은 샘 퐁퐁 솟듯
달고 따뜻한 엄마라는 그 말
그리워! 그리워!

한쪽으로 부는 바람

내 안으로 들어와 세상을 본다
단색의 빛깔
한쪽으로 부는 바람
미끄러지는 시간들

내 안에 들어오니 내가 보인다
끝내 알지 못했던
해결 할 수 없는 난제
거짓과 진실이 동시에 눈을 감는다

풀 수 없는 매듭으로 뒤엉켜
꼬인 세상사

바람이 한쪽으로 분다
평온함을 잃어버린 신의 손길
침묵은 나와의 소통이다

풍만한 대지

출산을 준비하는
풍만한 대지

장엄히 솟아오르는 태양
열매가 농익는 계절
끝없이 내어주는 충만함

벼가 익어가는 들판에
가을 햇살이 넘친다
결실을 꿈꾸는 대지

영화에서 치매노인

신선 싱싱 오월
세상 때 묻지 않은 청정한 잎들에
바람이 머물러 살랑
오월의 봄 꽃들이 함박웃음 터뜨리는 화사한 봄 날
그 고운 날들이 여물어 초록이 이울고

초록빛 잎새들이 아우성치는 한 여름
세월의 흔적으로
깊은 주름결의 눈물 흘리며
아기처럼 흐느끼며 엄마를
낮은 목소리로 부르짖는 노안
간호사의 품에 안긴 애절한 엄마를 찾는 소리
천상에서 듣고 있을까

창밖에선 무성한 녹음의 나뭇잎들이 바람에 요동이었다
무심하게도 반짝거리며 빛나는 햇살

낚였다

보일 듯이 보이지 않는 모호함
한 생을 더듬더듬
감질나서 헤매었다

여전히 안개는 자우룩
정곡을 향한 언어를 낚기위해
허공에 번지는 가득한 안개를 헤치고
내 맘은 늘 실체를 찾아 서성였다

곱다한 청춘의 날들은 물 흐르듯 지나고
지우지 못하는 점 하나
나의 흠모는
눈물 나도록 처절한 아름다움의 정령을 찾는 일

신의 섭리와 희로애락의 극점을 찾아
언어로 대치 할 도리가 없어

언어의 정령을 포착하기 위하여
미로를 헤매다가 오히려 언어에 낚였을까

감성을 찾아 선명함을 찾아
녹여진 고도의 어휘를 포획할 수 없어
아무래도 하 많은 언어의 품사에 낚인 게 분명해

이루지 못한 소망

지나간 한 조각 추억이라도
때로는 아득히 먼 기억에서 되살려
다시 생각해본다

안개처럼 희미한 기억 속에는
이루지 못한 희망과 절망이 깔려있다

해마다 봄이 되면 꽃이 피듯이
내가 바라던 젊은 날의 꿈
닿을 듯이 닿지 않았다

꿈은 잡히지 않는 무지개처럼
때로는 아름답게
때로는 허망하게
저만치 물러서서 손짓했다

엄마인 듯

빛과 공기로 바다를 항해하여
네 위의 하늘에 당도하여
드높이 반짝이며 빛을 발하는 별

나 일 거라 여겨주길
그래 주길 바라는 마음
행여 빛이 반짝거릴 때
보고 싶다 속삭이는
마음의 소리를 들어주길 바라는 엄마 마음

전쟁 탓

민들레 꽃대처럼 하늘거리는 내가
심장이 멎어 생명의 끝이 보일 때
영혼도 멎어 빈 허물을 보았을 때
두려움의 싹은 내게로 흘러들어 왔다

서러움의 탓은 내 탓만이 아니다

아기가 배냇저고리에 배내 포대기에 싸여
논바닥에서 얼음 되어 생명이 멎었을 때

공습경보 사이렌이 어둠을 뒤흔들 때
부옇게 흘러드는 창호지 문살을 울릴 때
침묵의 고요가 눅눅할 때
여자 삼대가 심장의 울림만 방안을 메울 때
두려움의 싹은 움트며 자랐다

서러움의 탓은 내 탓이 아니다
소나무 숲 아래 달빛에 그늘이 어룽지고
전장의 치열했던 격전지에 시신들이 솔가지에 임시로 묻혀 무덤을 이룰 때
내 걸음은 떨리고 가슴이 떨려

이빨이 맞닿는 소리와 입술이 말라붙어
두려움은 심장에서 자라고
그것이 꼭 내 탓만이 아니다

무엇이 서럽냐고 전쟁을 겪어보지 않아 탓하는 그대들은
알 수 없을지라도 헤아려 다오

수원 철뚝 아래 패랭이 작은 꽃송이처럼
꽃분홍 같던 어린 내가
그리움을 꼭꼭 가슴에 묻고 이별을 참아냈다
이십대의 내 엄니는 나의 대학 학자금 번다고
친정살이 가족들 무명옷 빨아 윤기 자르르
빛들이 미끄러질세라 다듬어 바느질로
청춘을 보낸 내 엄니

그리워 보고 싶어 이불깃으로 흐르는 눈물을 눌러 참으며
기다리던 내 엄니

최초의 이별은 길고 무서워 내 혼자 삭이니
눈물 받아먹고 무럭무럭 자랐다. 서러움은

어른이 되었어도
멀리서 기적이 들리면 철뚝 아래 갓난쟁이 버려져
엄마가 떠난 빈 허공에 울다 지친 영혼의 서러움이 내게로 밀려와
농도 깊게 서러움은 점령했다

이별 삼 년만에 대학 등록금 암소 한 마리 농가에 맡기고 돌아온 내 엄니
내가 희망의 전부

전쟁으로 돌아오지 않는 아버지 그리움 티 한 번 내지 않고
송아지가 송아지를 대 이어 줄줄이 암소 대가족 꿈꾸며
20대 후반을 넘긴 내 엄니

일제 강점기 가을 농사 타작 하자마자 공출해 가는 면사무소 직원 폭행
외지로 숨어 살던 형제 돌아와 암소는 어디론가 팔려가고
엄니는 낙담과 한숨
희망이 아득해

50년대와 60년대 나는 갈래머리 소녀
엄니의 젖가슴에 묻던 따뜻함을 이별

엄니를 두 손 가지런히
몸을 반듯하게 베옷 입은 엄니를 묶어
이웃의 엄숙한 장례예절에 울어 보지도 못하고
꽃상여에 엄니를 태우고
마을 사람들이 배웅하며 함께 울어주던 마지막 길
찌르레기같이 목이 메어 고개 숙인 보랏빛 반지꽃 신작로에
구슬픈 상두꾼 타령조 요령소리

서러움이 내 탓이라 할 수 있을까
서러움은 묵정밭처럼 무성해서
절로 서러운 것을

송림 송가

곧고 직립
살을 올려 몸체 우람
솔향기뿐이랴

풍상을 겪은 연륜의 정령
묵언의 높은 기상
눈비 바람에도 격조 있는 기상

단정한 자태에 하늘 향해
청청 하게 푸르러
햇빛도 찬란히 초록 잎에서 빛을 발하는데

어지러이 세상은
영원 할 줄 아는 권세에
스러지는 날을 헤아리지 못한다

참 권세는 어둠과 밝음을 밝히고
영원할 줄 아는 힘센 이들은
가을날 낙엽처럼 지는 때가 옴을
만월도 이지러질 때가 있음이니

야합

꽃 지니
아릿한 새순 민낯이 맑아

아직은 먼지 티끌도 앉지 않은 지고지순
천진스러움에 흠도 없어

야합은 먼 나라
보이는 그대로
서로가 어울려지려는 날개 아래
무엇이 끼어들 수 있을까

문명은 때로 눈을 뜨게 한다
척박해지는 계산성에

감자 꽃

햇빛 찬란히 녹음 익어가는
잎새위에 미끄러지는 날

수수한 감자꽃 덩달아 꽃잎 여는 날들은
남몰래 그리움 알알이 밭두덕 속에 감추고
태연 한 척
뻐꾸기 노래에 취한 척

쑥국새 보채는 긴긴 밤
허기에 지친 아기
빈젖 물고 칭얼대는 소리

다소곳이 꽃을 지워 알맹이 튼실하게
살 올리는 여름날
아기의 옹알이 소리
엄마 마음으로 꽃을 떨구는 날
감자알은 몸이 굵어지는 여름입니다

감자 꽃밭 지나니 옛적 소설가의 가난한 감자 생각
소설 한 편 생각했지요

* 김동인의 소설 〈감자〉에서

문틈

문을 꼭 닫지 못할 때마다
꼬리가 길어 문을 꼭 닫지못하느냐고
질책할 때에 항변 못하고 혼자 삼킨다

시간의 단절이 소리로 전환되어 마음에 금이 가는 것 같다
사람과 사람 사이
시간과 시간 사이
장막의 순간이 내려 올 때
문을 꼭 밀지 못하고
꼭 닫지 못하는 찰라의 여분은
시간의 흐름으로 이어주고 싶은 속뜻

문을 사이로
이쪽과 저쪽 사이
밀폐의 선線을 넘어
흐르는 시간을 감지

연속성의 선상에 꼭 닫지 못하는 문

비발디의 봄

섬세한 선율을 타는 나비
공기보다 더 밝게
가벼운 날갯짓을 한다

목을 감싸던 명주 목도리가 풀어져
봄바람에 나풀거린다

육신을 떠난 것이 다시 살아나는
영혼의 부활

하얗게 솟아오르는 물방울
연둣빛 찔레 순에 내리는 봄 햇살

얼음 풀린 논배미 물 흐르는 소리
알을 깨고 나온 올챙이 꼬리

모든 것이 색색으로 고운 봄의 현란함
건반을 두드리는 손끝이 점점 따뜻해지는
한낮의 피아노 소리

알곡

알곡을 손으로 만져본다

한여름 땡볕 견뎌내고
작은 낱알들이
이루어낸 한 생애

피땀과 눈물이
촘촘히 배어있다
잘 익은 알곡 속에

전화 한 통에

전화 한 통에
산소같이 상큼함이 들어있다
샘물같이 퐁퐁 솟아오르는 사랑이 들어있다

태평양을 넘어 단숨에 빛의 속도 보다 빠르게
아침마다 종달새 지저귀는
그 소리에 비타민을 충전 한다

아무리 멀어도 아무리 바빠도 한숨에 달려와
고단한 삶을 일으켜 세운다
전화 한 통에

봄이라네

따사로운 봄 햇살
살랑살랑 하늘하늘
분홍 벚꽃 만개

우중충 퇴로의 찬 기운 꼬리를 내리고
꽃잎에 마음 실어 호르르

인생의 한 계절에도 몽롱한 향기
꽃 피는 시절
예서제서 꽃들의 함성
봄이라네

새의 날개

나는 죽기 전에 새의 날개를 달고
자유로운 영혼이 되고 싶다
마음대로 날아다니고 싶다

누구의 소유도 아닌 교교한 달빛
보리밭이 이는 싱그러운 바람이 되고 싶다

하루분의 해거름처럼 다가오는 이별
어느 곳에 가 잠 들 것인가
도시의 밤은 별이 보이지 않는다

따스한 뜰

마음속으로 햇살 번지듯
뜰 안에 핀 봄날의 꽃송이

두 손으로 하늘을 받들고
상수리나무 잎들 솟아오른다
체온처럼 따뜻한 봄볕에

예쁘게 내민 보랏빛 제비꽃
풀꽃 반지 만들어 손가락에 끼워주었던 날들
나에게도 그런 날 있었다

가던 길 멈추고 뒤돌아서서
봄날에 핀 꽃을 유심히 바라본다

작은 꽃 속에 내 얼굴이 보인다
따뜻한 봄볕 받고 웃는
정답고도 애틋했던 것들이여

제4부

뒤통수에 우물

먼 길

끝이 보이지 않으니까
아득하기만 하네
아주 가까운 길인 줄만 알았네

가끔 가다보면 낯선 길이
내가 걸어가야 할 길인 줄 알았네

고달프고 먼 길이었네
가쁜 숨을 몰아쉴 때도 있었네
지나고 나니 찰나였네

인왕산 아랫마을

바위가 성이 된 산성
그의 골짜기에 품어 사람들의 삶을 껴안고 의젓한 산성
이웃나라의 무법천지 속수무책 함구하며
속알이 오죽했으랴
속으로 바위는 더욱 단단해
한 울안의 사람들 때로는 서로의 가슴을 겨냥
희로애락 골은 더욱 깊어 인왕의 샘은 흐르고 흘러

우리의 가슴을 유구히 넘실대는 한강수에
어둠을 밝히는 인왕의 품속에 기대어

저물지 않는 이 나라 한강의
상류의 물처럼 맑아라
어질고 선한 강변의 황새처럼

계백장군 사당에서

기울어져가는 국운을 지키기 위해
싸웠던 장군의 사당
울창한 소나무가 둘러싸고 있다

1500여 년의 세월에도 숭앙을 받는
오직 나라 위해
황산벌 전투에 몸을 바친 장군

아무도 늠름한 기개를 모르고
찾지 않는 사당
쓸쓸한 바람소리만 지나간다

유년의 뒷산에 올라

몇 날 며칠 비온 후
큰 물이 날 때
산을 오른다
펑퍼짐한 순한 산
어머니의 젖무덤 같은 순한 산세
우렁 바위에 올라
나는 하늘 속에 잠겨서
목동 벌 황토물 붉은 바다를 본다
논들도 경계도 사라진 붉은 황토물의 거대한 호수

맑은 날은 거대한 우렁 바위에 오르면
하늘이 날 안아 주고
남빛으로 누워 넘실대는 한강이 보이고
산 아래쪽 발아래
사랍문을 열어 젖힌 올망졸망 인가가 보이고
내 사는 아랫 동네는 보랏빛 오동꽃이 툭툭지고

밀밭 고랑 밭두덕에 뽕나무 오디가 검붉게 익어가고
뻐꾹새 종달이가 번갈아 화답한다

산 아래 마을은 모두 내 마음
치마폭 뜯기는 줄도 모르고 뒷산을 오르던 때

풍요의 목동 아파트가 밀집된 오늘날
우렁 바위에 올라 하늘에 안기고 싶다

임진강

여기에 따스한 햇살이 퍼지 듯
강 건너 마을에도 햇살이 고루 번지는데
바람도 거침없이 내왕하는 거기에
바닷새 청둥오리 오고 가며 비상하는 하늘

상류로 부터 흘러오는 강물을 받아 안고
임진강은 천연스레 시침을 떼네

흐르는 것은 흐르게 잘도 흐르게

머나 먼 외국땅 오지유람도 잘하는 우리가
강건너 저기를 못가는 우리
부모 형제 조상님네 뼈가 묻힌 고향땅 지척인데
한강 임진강은 어우러져 몸을 섞으며 잘도 흐르네

비무장 지대 뭇짐승들 구가하는 무성한 초록의 땅
노을빛만 고와
서해 하구엔 윤슬이 자글자글 끓는다네

허리 다친 상처 투성이 조국땅 철조망으로 동여 매여
이 백성 뼛속 깊이 사무친 상처 아물 날은 언제 쯤이뇨

신록

봄꽃이 떨어지자마자
싱싱하게 물 오른 연두 잎

잎이 어우러져
나뭇가지가 하늘하늘 춤을 춘다
비온 뒤 맑게 세수하고
천지사방이 싱그러움이다

나무의 혼이 하늘을 받들고 있는 듯
잎맥까지 환하다
바람이 수런거린다

나무꼭대기까지 타고 오르는
생명의 혈류
온몸에 차오르는 환희가 황홀하다

아버지의 사진

다박솔 사이 산마루에 날마다 석양을 바라보며
하루 해를 환송 하시는가
갈갈이 금이 간 사진 한장 꺼내보고 다시 꺼내 보시는
아버지의 사진

임종 하시는 날 사진을 찾으시는지
저고리 앞섭을 만지작 대는 떨리는 주름진 손
사진을 꺼내어 쥐어드리니

떠지지 않는 눈을 치뜨려 하시다가
눈에 대 보고 비벼보고 입맞춤 하고 뺨에 부비고
할아버지 손에서 흔들리며 임종을 지키는 사진속의 아버지

하늘 끝까지 삼팔선은
두꺼운 철판 철옹성으로 가려진 줄 알아
온 몸으로 치박고 싶었다
피가 터지도록

할아버지가 술 취해 귀가한 날
바람벽에 머리를 부딪히며 울음을 삼키듯이
나도 그 철옹성에 마구마구 머리를 박고 싶었다

이산 가족 명부 작성 하는 날 아버지의 함자를 기입하며
끝내는 화장실로 가 물 틀어 놓고 절로 커지는 오열의 소리
얼마만에 아버지의 함자를 써보는 것일까

굳센 의지

치욕의 고난에도 굽히지 않는 투지
생존으로 하여 의지를 굽히지 않는 꿋꿋함

생존을 위하여 허물을 씌우지 않는다
자율적으로 양심의 꽃을 피운다

진실을 위한 자율성
어떠한 폭력보다 강인하다
진실을 밝히고 부활하는 시간의 위력

우리시대의 장군의 부활
철옹성 우리나라

유월

생기를 되찾은 유월의 대지
하늘이 수런거린다
보리밭으로 지나가는 바람이
파도처럼 출렁거린다

내가 살고 있는 땅이
초록으로 뒤덮인다
눈부신 햇빛 아래
모든 것들이 고개를 든다

길가의 씀바귀 노란 꽃
나비가 내려앉는다
그대가 사는 보금자리처럼
이름 모를 새 한 마리 날아와
노래를 불러준다

지리산

산이 비 구름을 품어 안고
구름이 산의 가슴에 안겨

옹기종기 사람의 장막을 품고
산은 으젓하여
객의 마음도 품어 하룻밤 묵어감이
떠나는 발걸음 무거워

첫눈에 우중雨中의 지리산에 마음 빼앗겨
내 가야 할 길은 너무 멀어 머물 수 없는 탓을 해야 하리

이름 모르는 풀

잡목 숲에 묻혀
해마다 자라나는
여러해살이 이름 모르는 풀

꽃이 아니고
보잘 것 없는 풀이라도
소중한 꿈이 있다

모진 고난에도 봄이면
죽지 않고 살아나는 풀은
동토에 뿌리를 내린다

잡목 숲에 가려진 풀
백두대간 어느 산골짜기까지
바람을 따라가
씨앗을 흩어놓는다

쏟아지는 폭우

조용히 흐르지 않습니다
지상의 먼지를 모두 씻어내리며
거품 물고 곤두박질칩니다

폭우에 불어난 강물은
힘차게 뻗어나간 산굽이를 따라
하류로 하류로 내려갑니다

바위에 부딪히며 거센 물살이
서로 서로 손을 잡고
소용돌이치며 흐릅니다

윗물이 맑아야 아랫물이 맑다고
소리 높이 외치면서
멀리까지 갑니다

속삭임

자욱한 산안개
산수유꽃 노곤히
봄볕에 졸고

밭머리 양지쪽
꽃망울
배냇짓하듯
아기 옹아리 같은
속삭임 들리는 듯

겨울밤

안은 조용하고 따뜻하지만
밖은 상수리 마른 잎들이
서럽게 흔들린다

세차게 불어오는 바람은
잠 못 드는 가슴 에이고
문풍지를 울린다

다 하지 못하고 남겨둔 말은
눈처럼 쌓이고
겨울밤은 길고 길었다

잉태

우주 가득히 가이없는 품으로
혼곤한 잠을 주시고
파릇한 꿈을 주시는 분

어둑신한 밀실에서 우주의 기운이
탯줄로 들어와

동절기에 겨울바람은
쓸쓸한 움츠림을 흔들어 깨우고
마침내는 대지의 품에 안겨
어둠의 견고한 절벽을 부수고 봄세상으로
밀어 내었습니다

우주의 탯줄엔
고운 빛깔의 색조들이 어우러진
무형의 예술이 숨어
봄을 잉태 합니다

뒤통수에 우물

뒤통수에 우물 팠느냐고 할머니는 지청구였다
앉은 뱅이 책상 위에 엎디어 우는 날 보고
소리없이 주르르 볼을 타고 흐르는 눈물을 흠칫 볼 때도

텃밭 한 옆에 돼지우리 저녁마다 구유에 쌀뜨물과 허드레 음식 데워주며
머리를 긁어 주던 돼지 잡는 날
순하고 순한 눈매로 게슴츠레 눈 뜨던 돼지 사라진 날
초록풀 뜯어다 닭장에 뿌려 주면
또록도록 눈 굴리며 반갑다고 홰를 치던 닭들 젯상에 올려질 때도
사라진 생명이 그리워 울었다

뒤통수에 우물팠느냐고 다그치다 지친 할머니
드디어 걱정마라 그것들은 다시 그 무엇으로 우리 앞에 나타날 거라고
살아보면 알아 질 거라고
헤어진 것들이 다시 태어나 만나질 거라고…

그러나 실감되지 않은 할머니의 위로에 뒤통수의 우물이 다 마르도록

울고 시무룩

나의 이별은 어린날 부터 늘 가까이서 슬픔을 가져왔다

생존

뿌리가 질긴 생명은
쓰러져도 일어난다

겉으로 드러나는 것보다
속의 복잡한 사정
누가 알아주겠는가

주어도 모자라는 마음으로
갖가지 고난을 나누어 안기에
세상은 아름답다

까맣게 남겨놓은 씨앗을
멀리까지 흩어놓는 바람 속에
내가 있다

많은 풀과 함께 살며
주고받는 인정 속에
웃음이 핀다

반려견

눈眼에는 영혼이 숨 쉰다
영혼이 고여 언어의 자막이 어른거려
그윽하고 깊어서 늪처럼
내 영혼도 깊이
너의 영혼으로 침몰한다

올올이 뒤덮인 하얀 너울
은빛 비늘처럼 반짝이는 너

단 둘 생명체
너와 나

물비늘 반짝이는 하늘빛 안고 뛰노는 바다
망망 대해
그리고 너와 나
네가 나에게 실눈 되어 고개를 숙이며 기대일 때
나도 너에게 오롯이 기대인다

사랑의 안락 고요로움
괜찮아
너도 나도 혼자는 아니니까
우리는 둘

섬진강

내가 강을 따라간다
매화 산수유 벚꽃이 만발하고
물이 맑은 상류 강

산새 고라니가 내려오고
물고기가 뛰어오르고
아름다운 노을이 잠긴다

들꽃을 따라
바위를 감돌고 휘돌아 흐르다가
노래가 되는 강

시름 다 씻어 내리고
하류로 갈수록 마음이 넉넉한
강물은 고요해진다

아래로 흘러 생명 살리는 젖줄
산 높고 물 깊은
섬진강을 따라 비안개 자욱히

평설

| 평설 |

단형시의 맑은 서정과 따뜻한 정감
— 조정자 시인의 시세계

권 달 웅
(시인)

《해를 품은 산그늘》은 조정자 시인의 다섯 번째 시집이다. 그는 박목월 시인이 창간한 《심상》 시지로 등단하여 의욕에 찬 창작열을 보여주고 있다. 이미 《그 새떼들 다 어디로 갔을까》, 《은여울에 별빛 내리다》, 《수백 년 생을 이끌고 내게로 오는 나무》, 《물의 발원지를 향하여》 등 4권의 시집을 발간하였다.

시는 자신만의 특수한 감정 상태를 삼라만상의 사물이나 사회현실에 견주어 재구성한 영상물이다. 그러기 때문에 사회현실을 투영한 작품이 아닌 대부분의 작품들은 감성과 미적 감각을 일깨우는 서정시라고 할 수 있다. 서정시는 같은 자연을 노래하더라도 시인마다 다른 시선으로 감지할 수 있는 독특한 것이어서 진부한 것이 아니고 늘 새롭고 개성적인 것이다. 시는 서사적 행동을 서술하는 산문과 달리 응축된 언어와 비유적 표현에 그 미학이 있다. 따라서 서정적 배경과 참신한 이미지는 그 시를 구성하는 핵심적 요소가 된다.

현대시는 복잡한 내면을 표현하기 위해 난해해졌다고 하지만 오늘의 시는 지나치게 모호해져 있다. 응축이 생명인 시가 길어지고 몇 번을 읽어도 알 수 없는 장황한 시가 양산되고 있다. 선명한 이미지보다는 관념을 직설적으로 토로하는 몇 페이지나 되는 장황한 시가 여러 문예지에 발표되고 있다. 이름만 가려놓으면 엇비슷한 판박이 시가 늘어났다. 시의 본질인 서정과 이미지는 낡은 것으로 치부되고, 기괴하고 형태 파괴적인 시가 오히려 새로운 시로 인식되는 형국이 되었다.

독일의 에밀 슈타이거는 〈시학의 근본 개념〉에서 서정시는 우리의 마음속에 아름다운 정서와 맑은 정신을 불어넣어준다고 했다. 짧은 서정시 한 편 속에는 물질문명이 주지 못하는 고결한 정신이 깃들어 있으며 그것이 울려내는 청정한 소리가 있다.

1. 사라져버린 것들에 대한 그리움

조정자 시인의 시세계는 사라져가는 것들에 대한 그리움과 자연지향의 순수성을 따뜻한 시선으로 소박하고 진솔하게 노래하고 있다. 그의 시는 의도적 장치를 하지 않고 일상의 사소한 풍경들을 자신의 삶과 연결하여 표현하고 있어 이해하기가 쉽다.

이번 시집의 대부분은 간명한 단시들로 구성되어 있다. 장황하게 긴 시보다 형태가 짧은 시는 언어와 문장구조가 단순해서 선명한 인상을 준다. 그의 시는 의식적인 조작이 없이 간결하고 청명하며 과거의 경험한 일들을 재확인하여 보여주는 진솔성을 지니고 있다. 숨겨놓은 의미를 찾아내야하는 긴밀한 문학적 구조가 아닌 그의 시는 유년시절의 추억과 삶에 오늘의 삶을 조응하면서 사라져버린 것들에 대한 그리움의 시를 투영하고 있다.

겨울 고요한 달밤에
옥양목을 마름질하여
매끈하고 광나도록
두드리는 다듬이 소리

쉴 새 없이 고단한 날들
깨끗하게 속마음 풀어낸다
올올이 반질반질
마음이 유순해진다

은은한 달빛처럼
하얀 무명에 어리는 오롯한 정
지금은 사라진 소리

—〈다듬이 소리〉 전문

더 보탤 것도 뺄 것도 없는 이 단형시는 고요한 달밤의 정경을 맑은 "다듬이 소리"로 잘 떠올려주고 있다. 화자는 "옥양목을 마름질하여/매끈하고 광나도록/두드리는 다듬이 소리"를 통해 잠시도 "쉴 새 없이 고단한 날들"을 살아오신 어머니의 삶을 그려내고 있다. "지금은 사라진 소리"인 이 다듬이 소리는 "은은한 달빛처럼/하얀 무명에 어리는 오롯한 정"을 느끼게 한다. 지금은 어머니의 목소리도 다듬이 소리도 들을 수 없지만, 겨울 고요한 달밤에 다듬이 소리를 듣고 있는 화자는 맑고 고운 마음으로 사라져버린 것들을 그리워하고 있다.

사라지는 해는
희미한 그늘을 품는다
그리움에 젖는다

하루의 그림자가
풀숲에서 숨어 우는 귀뚜라미에게
귓속말로 속삭인다

어느덧 나이 든 가을 황혼이
앉을 자리를 잃고
멀리 떠난다

무성한 떡갈나무 숲에
고운 산새 한 마리 날아와
지저귀다 간다

그립고 애잔하게
해를 품은 산그늘이
고요를 덮는다

— 〈해를 품은 산그늘〉 전문

시집의 표제인 작품 〈해를 품은 산그늘〉은 해가 지고 어스름에 내리는 쓸쓸한 저녁 풍경을 노래하고 있다. 저녁은 하루해가 사라지는 시간이다. 그래서 "사라지는 것은/희미한 그늘을 품는다/그리움에 젖는다"고 은유적 표현을 하고 있다. "하루의 그림자"처럼 "풀숲에서 숨어 우는 귀뚜라미에게/귓속말로 속삭"이고, 화자는 "어느덧 나이 든 가을황혼이/앉을 자리를 잃고/멀리 떠나는" "나이 든 가을황혼"을 바라보고 있는 것이다. 모든 살아있는 것들은 "그립고 애잔하게" 사라지는 것이다. 화자는 "무성한 떡갈나무 숲에/고운 산새 한 마리 날아와/저저귀다 간다"고 하듯이, 어느덧 "해를 품은 산그늘"에 덮여 가을 황혼에 젖어들고 있음을 의식하는 것이다.

사라져버린 것들에 대한 그리움은 작품 〈가을 유감〉에도 나타나 있다. "떨어진 회색빛 낙엽"으로 자신을 은유적 표현을 한 화자는 "아무것도 소유하지 않고" 모든 것들을 남겨두고 떠나는 "가을이 울면서 다시 찾아와/안주할 때까지" 기다리고 있다. 덧없는 삶과 죽음, 유년과 노년, 화려했던 날들과 절망했던 날들을 모두 떠나보내야 하는 가을은 가장 소중한 것들도 미련 없이 내려놓고 떠나야하는 허전함을 느끼게 한다.

2. 물의 영혼과 불의 정감

조정자 시인은 삼라만상의 대상을 살아있는 생명체로 인식하는 따뜻한 시선을 지녔다. 그는 인간을 현실의 온갖 가지 현상들과 대조하여 살아있는 생명체로 표현한다. 노자의 말을 빌리지 않아도 우주만물에게 생명을 불어넣어주는 물은 부드럽고 겸손한 미덕을 지니고 있다. 그는 자연 가운데서 특히 물에 대한 오브제에 관심을 두고 있다. 그가 우주 만물의 근원적 생면체인 물을 매개로 인간의 삶을 투영하려는 것은 인위적 문명 속에서 사라져가고 있는 자연의 순수성을 추구하기 위함일 것이다. 자연을 사유하고 직시하는 그의 시에는 오염된 오늘의 삶을 성찰하려는 근원적이 물음이 숨어있다. 또한 그것을 통해 현실의 삶을 통찰하고 내일에 대한 꿈과 의지를 드러내고자 하는 것이다.

그가 추구하는 물은 맑고 깨끗한 영혼으로, 불은 따뜻한 정감으로, 꽃은 순수하고 아름다운 존재로 투영되어 있다.

바위에서 솟아나는 물은
맑은 영혼이다
고목에서 돋아난 햇잎처럼
새것들은 여리고 곱다

최초의 생명은 순결해서
모두 사랑스럽다
끊어지지 않고 흘러가는
모든 생명은 애잔하다

낮은 곳으로 내려가는 물은
살아가는 것들에게
해를 품고
잎을 피우고 꽃을 피우고
열매를 맺게 한다

탄생의 기쁨을 알리는
대지는 한 핏줄로 연결된 고리
멀리까지 같이 손잡고
흘러가며 웃는다

—〈물의 영혼〉 전문

이 작품은 〈물의 영혼〉을 "고목에서 돋아난 햇잎처럼/새 것"으로 인식하고 있다. 그리고 그 속성을 "여리고 곱다", "순결해서/모두 신령스럽다"고 표현하고 있다. "잎을 피우고 꽃을 피우고/열매를 맺게"하는 살아있는 생명체로 파악하고 있다. 그래서 "멀리까지 같이 손잡고/흘러가며 웃는다"며 영원성을 부여한다. 시인은 물을 "태초에 태어난 생명"으로 순결하고 신성한 존재로 받아들이고 있다.

"물"과 "대지는 한 핏줄로 연결된 고리"이다. 지구는 모든 생명체가 공존하는 우주공간이다. 우리는 언젠가 흙으로 돌아가고, 다시 "물"로 태어난다. 대지는 모든 것이 사라졌다가 다시 태어나는 영원불멸의 공간이다. 이 시에 투영된 물은 영원히 존재하는 우주의 순환성과 연속성을 지닌 불멸의 이미지로 나타내고 있다.

이 같은 의식은 작품 〈모닥불〉에서도 나타나 있다. 화자는 모닥불을 쬐면서"하늘의 별"을 우러르고 있다. 이것은 하늘의 "별"과 지상의 "불"을 동일체로 보고 있기 때문일 것이다. 더구나 "불꽃이 재가 되도록"이란 표현을 통해 "불꽃"은 재가 되어 하늘로 날아오르는 부활의 이미지를 상기시켜준다. 마지막 연에서 "고향처럼 안기는 불꽃의 온기"에서는 "사라진 마을"을 생각하는 따뜻한 정감은 느낄 수가 있다. 화자가 궁극적으로 "온기"를 주고 싶어 하는 대상은 "사라진 마을'일 것이다. 이 시는 간명한 언어와 함께 서정이 밑바탕이 되어 있어 사람들의 마음을 따뜻한 정감의 세계로 이끌어준다.

그는 여성의 섬세한 감각으로 자연친화적인 세계를 지속적으로 추구하고 있다. 그는 문명의 폭위 속에서도 변함없이 피어나는 꽃의 빛깔과 달빛의 향기를 순수지향의 오브제로 투시하고 있다.

3. 꽃과 달빛의 향기

한꺼번에 벚꽃이 만개했다
온 세상이
티 없이 순수로 덮였다

벚꽃 속으로 스며든다
달빛이 날 에워싸고
하르르 하르르 내려앉는다

바람이 지나가고
다시 향기롭게 태어나는
자연의 빛깔과 향기

— 〈달빛이 날 에워싸고〉 전문

이 작품 〈달빛이 날 에워싸고〉는 한꺼번에 하얗게 만개한 "벚꽃”에서 “달빛”을 유추해내고 있다. 혼탁한 이 세상에서 살고 있는 화자는 그 달빛과 꽃에서 “티 없이 순수”한 감응을 하며 그 세계를 동경하고 있다. 그러한 자연현상에서 “바람이 지나가고/다시 향기롭게 태어나는/자연의 빛깔과 향기”를 느끼고 있는 것이다. 이러한 표현은 달빛과 꽃을 화자의 내면으로 끌어들여 물아일체의 융합된 순수세계를 그려내려는 데 있다.

이러한 세계는 〈백합 향기〉에도 투영되어 있다. “백합 향기”에서 “순결한 백합의 향기는 황홀해/황홀한 향기로 해서”와 “아름다움은 보이는 것보다/안개 같은 향기로움보다/보이지 않는 은밀한 곳에 숨어 있다”는 것을 느끼고 있다. 백합꽃을 의인화하여 미적 감각으로 표현해내고 있다.

그의 시에 투영된 꽃은 순수함이나 기쁨을 주는 향기만이 아니라 슬픔으로 변주되어 나타나기도 한다. 〈꽃가마 타고 오던 길〉에서는 “배꽃 하늘하늘/봄바람에 지는 날/만장 펄럭이며 요령 소리/이승의 상두꾼 소리 ”를 듣고 있다. 이 시는 “작은 풀꽃”을 보면서 아름답게 느끼는 것이 아니라 슬픈 “요령소리”와 “상두꾼소리”를 환청하고 있는 것이다.

4. 잃어버린 꿈과 노경의 쓸쓸함

조정자 시인의 시는 황혼기에 이르러 지난날의 꿈과 삶의 궤적을 돌아보고 있다. 어제와 같이 살아온 메마른 삶은 돌아볼

수록 더욱 쓸쓸하다. 그의 시에는 철없던 유년시절의 지순함과 노년의 쓸쓸함이 대조적으로 조응되어 있다. 지나온 삶의 궤적을 통해 오늘의 삶을 성찰하려는 시인의 내면은 늘 귀향의식에 젖어있다. 그가 보잘 것 없고 쓸쓸한 것들을 노래하는 것은 삶의 덧없음을 깨닫고 있기 때문이다.

그는 지금까지 주로 고향의 풍물과 자연을 시의 오브제로 택하여 왔다. 그가 향토성이 짙은 시를 쓰는 것은 자연을 지향하는 순수성을 나타내기에 가장 적절한 세계이기 때문일 것이다. 그가 자연에 대하여 지속적인 관심을 두는 것은 자연을 통해 가식 없는 삶을 사유하고, 그것을 통해 현실을 성찰하려는 의지를 보이기 위해서일 것이다. 석양의 노을을 바라보듯 잃어버린 노년의 꿈과 쓸쓸함이 잘 나타나 있는 작품을 살펴보자.

걸어온 길을 돌아본다
울퉁불퉁한 삶
내가 꿈꾸었던 길을
가보고 싶었지만
멀리까지 가보지 못했다

때론 앞을 내다볼 수 없이
안개가 서렸지만
용기를 내어 나섰던 젊은 시절

낯설고 두려웠지만
오늘 속에 내일을 꿈꾸었다

구불구불한 길을 돌아서면
어느덧 얼마 남지 않은 시간
가슴에 긴 강이 흐른다

— 〈가보고 싶었던 길〉 전문

이 작품 〈가보고 싶었던 길〉은 젊은 시절 내가 이루지 못한 꿈을 노래하고 있다. 화자는 "얼마 남지 않은 시간"을 눈앞에 두고 있다. "내가 꿈꾸었던 길을/가보고 싶었지만/멀리까지 가보지 못했다"고 아쉬움을 토로하고 있다. "낯설고 두려웠지만/오늘 속에 내일을 꿈꾸었다"고 술회한다. 이미 시간이 "가슴에 긴 강"처럼 흘러간 것이다. 누구나 황혼기에 접어들면 "눈 껌벅하는 사이/어느덧 얼마 남지 않은 시간"을 의식하게 되는 것이다

5. 전쟁 탓의 가족사

시에는 나의 감정을 아름답게 노래한 순수시가 있고, 현실을 직시하고 비판한 참여시가 있다. 이 두 개의 표출방법은 어느 쪽이 더 문학성이 있다고 말할 수가 없다. 순수시와 참여시에는 서로 상대방의 성격을 내포하고 있기 때문이다. 그러나 시인들

은 살기가 어렵고 궁핍한 시대일수록 현실을 드러내는 작품을 쓸 수밖에 없는 필연성을 지니게 된다. 그것은 현실을 바라보는 시정신이 작용하기 때문일 것이다. 시인은 시대를 바라보면서 올 곧고 바르게 살아가는 맑은 정신의 소유자이다.

조정자 시인은 이번 시집에서 짧은 단형시를 추구하면서도 궁핍하고 서럽게 살아온 지난날의 삶과 현실을 드러내기 위해 의식적으로 길게 쓴 자전적인 장시가 있다.

전쟁 탓

민들레 꽃대처럼 하늘거리는 내가
심장이 멎어 생명의 끝이 보일 때
영혼도 멎어 빈 허물을 보았을 때
두려움의 싹은 내게로 흘러들어 왔다

서러움의 탓은 내 탓만이 아니다

아기가 베냇저고리에 배내 포대기에 싸여
논바닥에서 얼음 되어 생명이 멎었을 때

공습경보 사이렌이 어둠을 뒤흔들 때
부옇게 흘러드는 창호지 문살을 울릴 때

침묵의 고요가 눅눅할 때
여자 삼대가 심장의 울림만 방안을 메울 때
두려움의 싹은 움트며 자랐다

서러움의 탓은 내 탓이 아니다
소나무 숲 아래 달빛에 그늘이 어룽지고
전장의 치열했던 격전지에 시신들이 솔가지에 임시로 묻
혀 무덤을 이룰 때
내 걸음은 떨리고 가슴이 떨려

이빨이 맞닿는 소리와 입술이 말라붙어
두려움은 심장에서 자라고
그 것이 꼭 내 탓만이 아니다

무엇이 서럽냐고 전쟁을 겪어보지 않아 탓하는 그대들은
알 수 없을지라도 헤아려 다오

— 〈전쟁 탓〉 일부

〈전쟁 탓〉의 일부이나 전작품은 긴 시이다. 다른 대부분의 작품들이 서정적 단시들인데 비해 〈전쟁 탓〉은 어려운 현실을 의식적으로 길게 표현한 장시이다. 그것은 시인이 파란만장하게 겪은 서러운 가족사를 한 편의 자전적 서사시로 서술하고 싶었기 때문일 것이다. 이 작품은 자연물을 통한 비유적 표현으로 화자의 출생에서부터 어머니의 사망까지의 삶을 그대로 그려내고 있다. 삶과 죽음에 허덕이던 육이오 전쟁과 일제 강점기를 겪은 처참한 현실이 드러나 있다. 어린 나는 "수원 철둑 아래 패랭이 작은 꽃송이처럼" 꽃분홍 같던 어린 내가 겪은 전쟁의 참상을 부각하고 있다. 일제 강점기는 "수확한 곡식 다 빼앗겨 억울한 지경"이 되었으며, "이십대의 내 엄니는 나의 대학 학자금 번다고 /친정살이 가족들 무명옷 빨아 윤기 자르르" 만드셨다고 지난날의 서러운 삶을 술회하고 있다. 육이오 전쟁과 일제 강점기를 겪은 화자의 가족사가 사실적으로 나타나 있다.

6. 부조리한 현실 반영

나는 비난했지만
까뮈는 미리부터 부조리를 주장했다

그게 다 세상 삶이지
부조리가 없으면 세상은 천국이지

알고도 모르는 척
다 들어도 하나도 못들은 척
입 꼭 다물고 살아야지

여자는 깔깔 웃었지만

까뮈는 거꾸로 돌아가는 세상을
미리 알고 웃는다

— 〈세상살이〉 전문

이 작품 〈세상살이〉는 풍자시이다. "부조리"한 세상을 까뮈의 사상으로 표현하고 있다. 화자는 세상을 "비난했지만" "까뮈는 미리부터 부조리를 주장했다"는 것이다. "그게 다 세상 삶이지/부조리가 없으면 세상은 천국이지"하고 역설적으로 표현하여 체념하듯 세상을 초연한 자세로 살아가라고 당부하고 있다. "알고도 모르는 척/다 들어도 하나도 못들은 척/입 꼭 다물고 살아야지"하고 일깨워준다. 그러한 모순된 세상을 보고 "여자는 깔깔 웃었지만/까뮈는 거꾸로 돌아가는 세상을/미리 알고 웃는다"고 야유하고 있다. 문제는 이 부조리한 세상을 까뮈는 미리 알고 있었다는 것이다. 그래서 까뮈는 씁쓸하게 조소하는 것이다. 짧은 작품 속에 많은 이야기가 들어있는 시이다.

조정자 시인의 다섯 번째 시집 《해를 품은 산그늘》은 삶의 경험과 보편적 정서가 합일되어 있어 따뜻한 정감을 준다. 그의 시는 사라져버린 과거의 물상과 기억들을 현재의 시선으로 바라보고 있다. 대부분 짧은 시 형태를 취하고 있지만 그의 시 속에는 힘들게 살아가는 인간의 의지와 순수를 지향하는 자연의 순리가 가식 없이 투영되어 있다.

그는 과거에 자신이 겪은 사소한 경험과 대상을 소박하게 재구성하여 진솔하게 표현해놓고 있다. 그는 삼라만상의 현상을 나의 내면에 숨어있는 감정과 조응하여 현재를 살아가는 자아의 삶에게 다시 환기시켜준다. 그의 시는 어렵게 살아온 날들의 궤적들을 변함없이 순수성을 지니고 있는 자연으로 오늘의 삶과 자아의 고뇌를 성찰하고 있다.

그의 시세계는 몇 가지 세계로 요약할 수 있다. 그의 시에는 단형시가 지닌 언어의 간결성과 이미지의 선명성이 있으며, 순수를 지향하는 맑고 깨끗한 정신이 깃들어 있다. 그러면서 문명 속에서 사라져가는 생명체와 자연에 대한 그리움이 서정적 정감을 자아내게 하고 있다. 그의 시는 의도적 장치를 하지 않고 누구나 느끼는 일상의 사소한 경험들을 자신의 내면으로 불러들여 진솔하게 표현하여 이해하기가 쉽다.

그는 일상의 경험과 사물들을 미세한 시각으로 포착하여 오늘의 삶을 성찰한다. 그래서 의도적인 장치로 제작된 시보다 수식이 없고 단순해서 오히려 더 친근하게 다가온다. 그의 시는 각박한 현실의 갈등을 순진무구한 시선으로 안아주어 맑고 투명한 정감을 지니고 있다.

그가 지속적으로 추구하는 맑은 서정과 따뜻한 정감은 앞으로도 더욱 은은한 빛을 발할 것이다.

계간문예시인선 189

조정자 제5시집 해를 품은 산그늘

초판 인쇄 2023년 9월 15일
초판 발행 2023년 9월 20일

지 은 이 조정자
회 장 서정환
발 행 인 정종명
편집주간 차윤옥

펴 낸 곳 도서출판 계간문예
주 소 03132 서울 종로구 삼일대로 30길 21 종로오피스텔 1209호
전 화 (02) 3675-5633 팩스 (02) 766-4052
이 메 일 munin5633@naver.com
홈페이지 http://cafe.daum.net/quarterly2015
등 록 2005년 3월 9일 제300-2005-34호
연 락 처 03132 서울 종로구 삼일대로 32길 36 운현신화타워 305호
인 쇄 54991 전북 전주시 완산구 공북1길 16, 신아출판사
ISBN 978-89-6554-276-6 04810
ISBN 978-89-6554-118-9 (세트)

값 12,000원